PROVINCIA
Colección
de poesía

RAMON DE GARCIASOL

POEMAS
TESTAMENTARIOS

LEON
1973

ISBN - 84-00-03830-4 = Dep. Leg. LE-81-1973

A Mariuca.

ENCONO DE LA PALABRA

PORQUE viene doliente la palabra,
cada
vez más inútil y más vaga
y más clara
y más cerca de la puñalada,
sin que valga
el pío pajarero que canta
por costumbre en la rama
alta,
o calla
y se encharca
la sangre de nostalgia.

Porque ya no creemos que nos salva
este verse el ombligo y darle largas
a la vida, con tanta
devastadora carga
de fuerzas inconscientes, la batalla
de no sabemos qué más agria,
oquedad más cercada,
el ignorar por qué nos pasa
esta conciencia que nos daña,
para qué la mirada,
el estar mendigando canallas
pequeñeces que no consuelan: la pitanza,
el repetir los gestos y las marchas,
las retiradas,
las botaratadas
del versito, la cita, la castrada
existencia. Y calva
la ocasión. Ya no se agarra
alguna certidumbre esperanzada.
Cambian
las nubes por los ojos, sangra
el verbo humo, resbala
el tiempo a la ceniza, a la
nada.
Una piedra en el agua
desaparece —un hombre—, graba

un instante en arena la pisada.
Sopla viento, iguala
todo como antes: empezar. Calla
la respuesta del grito, exhala
el ansia.
El silencio apabulla. Las alas
se enredan en los pies, los paran.
El alba
no llega nunca, noche larga,
evidencia que abrasa,
amaneciente rubor en la cara,
no saber a qué carta
quedarse, música sosegada.
La timidez nos ata,
cose los labios, rebalsa
la inquietante distancia
que va del sentimiento a la palabra.
¿Para qué la jornada,
jornalero, la besana
para qué cosechas de infamia
o de perennidad milagreada,
la luz piante en la ventana,
gota de luz la casa,
el ser que por saberse se machaca?
Sobre la piel de España
pregunto esta mañana

soleada,
precursora del hielo y de la escarcha,
hormigas con su paja
de pesadumbre al agujero. Halan
satisfechas de su cabo, que engrana,
diente de muesca en rueda para
moler el polvo de los días. Andan
trágicamente apresuradas,
repetidas las mismas gracias
o desgracias
las lucientes muchachas
más o menos menguadas
de ropas y llamadas,
las barbas,
los pelos que se cortan o se alargan,
las arrugas que cambian.
Donde hubo uno, otro igual. La corbata
diferente, pero la misma zanca
al mismo sitio, a la misma máquina,
al mismo andamio, a la misma cama,
al mismo parto, a la misma jugada
monótonamente chata.
Se me encona esta llaga
que supura palabras,
sonidos sin ideas, vacuas
posturas y protestas, ganas

y desganas,
entusiasmos fugaces que se marchan
como vienen de pozos de ignorancia,
pelota —yo— jugada
contra las paredes amargas
del no saber quién me dispara.
Pero el brazo se carga
de energía desbaratada.
Y no ata
cabos la razón, no basta
ni sobra, mala
conciencia y manos descrismadas.
¿Qué se avecina alrededor, avanza
y pone al poste al hombre, a la llama
que consume y restaura
el orden energético, cobra lo que prestara,
un fogonazo, una ceguera y basta?
¿Qué clama
en esta desazón por entender? ¿Aclara
serenadoramente o esas bardas
tienen rubor poniente, brasa
última cenizada?
Aprietan ahogadoramente la garganta
las preguntas, falta
el aire respirable y nos avala
—¿dónde?, ¿por qué?— terca esperanza.

¿O ya todo es igual, desesperada
fe por los montes, la caza
pieza imposible que jamás se alcanza?
¡Cómo te desnudas, alma,
de perifollos y de zarandajas,
para
quedarte reluciente y trágica,
punto entre las galaxias,
cara a cara
de las ultimidades originarias!
¡Qué vergüenza de retórica sabia
antiguamente venerada!
¡Y la fiebre tatuando las espaldas!

EL HOMBRE NO DIMITE

NOS arrearon bien.
Nos despojaron
incluso de los sueños.
Albarda sobre albarda fue el regalo
que nos sentimos en los lomos,
que llevamos.
Dices: "El hombre no dimite".
Pero han caído años, años,
decenas y decenas día a día, ¿recuerdas?
A lo mejor estás debajo
de tierra, pan de malvas.
A lo peor vives en falso,

entontecido de ilusiones,
de quijotescos chascos.
"El hombre no dimite" es muy hermoso
decir, buen dicho bravo.
Mas mírate al espejo
cacarañoso de este cuarto
donde cegó la luz.
Contempla el pelo blanco,
el rostro con arrugas prenatales
plegado,
percudido de iras y ventiscas,
ya bien inscrito el asco
por punzones que no se engañan,
soledoso y lunático,
los ojos sin el brillo antiguo,
fregados
por sales y fatigas,
el paso
tartamudo sin calle.
Y tú, tozudo, machacando
en hierro frío,
fabuloso espectáculo
de fe o de tontería,
para el caso
igual da.
Y tú rezando

asombroso de gracia enajenada:
"El hombre no dimite". (Poco claro).

Nos arrearon bien.
Nos arrearon
a modo,
como bárbaros.
Y los muertos muertos están.
Yo los levanto,
tú los levantas, él los levanta,
nosotros los levantamos
en el recuerdo, a veces
dulce o amargo,
según que sople el viento
de un costado
o del otro.
Pero los muertos siguen muertos y enterrados.
¿Recuerdo, vivo, sueño?
¿Soy presente o pasado?
¿Pero esta albarda, estas alas?
¿Estoy diciendo, callo?
"El hombre no dimite",
Miguel Alonso Calvo.
(No sé si entenderás, hermano burro,
hermano).

TODO LE CUESTA AL HOMBRE

LO duro de verdad, ser hombre,
atenerse a lo que quieren los dioses,
normas cuyos nombres
ignoramos, dictados que nos corresponden
azarosamente inmisericordes
como la piedra caediza, las voces
mágicas del terror que rompe
sin que valgan invocaciones,
plegarias. Sola con sus interiores
batallas, sus roces
con lo duro y disforme,
con los signos confundidores

la criatura, puesta sobre
la conciencia que no basta, lleno hasta el borde
el vaso de temblores,
árbol al viento manso o los ciclones
destroncadores
de fronteras y alas. A veces de soles
y paz eterna, de voces
que bastan, de sones
que dicen más que el verbo, iluminadores,
para caer de nuevo en lo torpe,
vuelto a lo cotidiano canjeable. Al hombre
le cuesta todo, dioses
frívolos que nos hacéis inferiores
a la sed que nos corroe,
al ansia que nos descompone,
inestables y frágiles, dolores
que deforman el esqueleto, desplome
de la carne, rotura de los bloques
contenedores
de las formas. ¿Dónde
se me oye,
se nos escucha, se responde
a lo que han hecho de nosotros, los pobres
hombres,
juguetones,
irresponsables y felices dioses?

¿Quién nos explica la razón que pone
aquí, nos quita, para qué misiones
fuera de los reproductores
apetitos, que nos dicen amor, monocorde
reiteración inútil de las otras funciones
cuya finalidad me desconoce?

Olvidado de mí, el gozne
sin rechinar, en orden
las ansias con sus decisiones
en algunos momentos mayores
y sin complicaciones.
Pero ¿quién me vuelve, insomne,
a lo que soy, si no hecho por mí, alcorque
para qué tronco fijo a sus temores,
ramas a pájaros, los brotes
en sombra y confusiones?

Los dioses
no obedecen a leyes. Las imponen
al hombre:
presión, limitaciones.

PERO HAY UNOS OJOS

PERO hay unos ojos
que miran siempre y lo ven todo,
abarcan el redondo
globo,
la Tierra, el hombre, tan en colmo
exasperante y dolo.
Están y ven, anotan lo que el prójimo
el pillo, el asesino, el pródigo
con lo ajeno creen anónimo,
sin rostro,
porque lo hicieron solos,
a solas, entre sombras y soplos
a las candelas lucidoras de oro
y claridades, sin registro notorio.

Ojos.
desde dentro nos miran cómo
procedemos con los otros,
apagamos el sonoro
fluir de los arroyos
encanecidos por los yelos del solo,
matamos el calor, desdibujamos rostros
hermosos,
arcos tensos de inteligencia, broncos,
crueles, implacables sordos,
los espejos hondos
de misterio enmudecida luz. Ojos
de terquedad sin fondo,
fijos hasta volvernos locos
con la pregunta eterna, el sorbo
de conciencia que nos distingue un poco
personas de los monstruos,
que dulcifica sangres y mostos.
Hay quien atiza fuegos temerosos,
fraguas de violencia al rojo.
Pero los ojos
miran y miran hasta el tronco
de donde provenimos. Yo anoto
de ti, y tú de mí, y todos
andamos recelosos,
la barba al hombro,

Quevedo de San Marcos, calabozo,
por cabecera un río y torvos
ofidios sibilantes venenosos
de delación y encono.
Pero los ojos
miran y miran por la piel de toro
de España, Hispania. Ofiusa, rotos
los puentes sobre el odio
que ya no pasa nadie, Saturno monstruoso.
Pero los ojos
miran y miran hasta que del polvo
se levanten los muertos, los acusatorios
muertos que debían vivir entre nosotros.

¿OTRO MUERTO?

NO lo entiendo, Señor, aunque te rezo,
y me trabuco el habla, y me supura
negación a los ojos. ¿Qué locura
es esta, Señor mío? Porque empiezo

por no saber de Ti, de mí, de nada
con evidencia fundadora. Luego
de tanta rebelión lo rebañego,
el dejarse vivir. Pero la espada

pone en la cicatriz memoria. Ahora
estoy con este muerto irregresable,

esto que fue mi padre. Cuanto hable
esta bestialidad consoladora

de la resignación y de la gente
que plañe ahí, no me consuela. Acato
porque no puedo contra el hecho. Un rato
y ni siquiera el bulto compresente,

escamoteo trágico. ¿Era esto
todo, Señor? Y digo que me sabe
a burla y sinsentido. No me cabe
el muerto en las ideas. Sí, protesto,

no me resigno, sigo dando vueltas
en el fondo del pozo. A mis preguntas
no se caen los muros. Llevo juntas
a mordiscos las fuentes, las revueltas

aguas que traen pasmo al manadero
de la conciencia. ¿Está muerto, yo vivo?
Y sólo queda humo en lo que escribo,
tamo en la era, tamo en el harnero.

Repito que no entiendo, Señor mío.
¿Es preciso entender? Os bastaría
que mintiese *sí creo*. Y quedaría
el hombre traicionado. Tengo frío,

me duele en esta carne la condena,
la frustración humana. Con mi muerto
estoy ya en el futuro. Aquí lo cierto,
la injusticia final, cuanto encadena

al confuso temor, nos hace absurdo,
maravilloso el mundo. Yo perdido,
trocada la razón de vuelo y nido,
y los niños cantando, y el palurdo

corazón sin saber si vive o sueña.
Era verdad. Sagrado, irrepetible,
pasajero rayar, irrebatible
árbol en tierra, dolorosa leña.

CUENTA Y RAZON

¿DONDE está la palabra que se espera,
la que nos justifica de nosotros?
¿Podemos esperar decentemente
lo que no dimos, lo que no plantamos?
Esta tu casa. Pero las paredes
no impiden que se cuelen los puñales.
Esta tu casa. Pero dentro rompe
un maretazo contra las semillas
implantadas que borra para siempre
y deja sal y saña cizañeras.
Y nos tambaleamos, tal borrachos
de vinos, amarguras que nos tunden.

Todo nuestro poder —*lengua sin manos*—,
leña al fuego y más leña de razones,
de sentimientos verdes, humo al humo.
¿Será el sino del hombre que no vea
nadie —¿tan islas?— que se nos destronca
por lágrimas ajenas inocentes?
¿No resta una palabra para el pobre
que se cae lastrado de impotencia?
¿No queda un sitio al sol donde el sosiego,
la paz del corazón nos duerma y pase
al otro lado, tiempo sin conciencia
o materia sin duelo y sin proyectos?
¡Dar al conmutador la media vuelta
y quedarse sin sí, dejar el verbo
que no nos sirve para que los otros
nos miren sin rencor, para que canten!

En este espejo donde nos miramos,
en la cruel cuartilla, se reflejan
unos ojos cobardes, unos gestos
de pasayo que dice que es un hombre
ante la risa unánime del público.
¡Y Dios sordo, más sordo cada día,
sin aplaudir un poco, de limosna
siquiera o compasión, a su criatura!

PERPLEJIDAD DE VIVIR

¿DONDE está la canción que ayer cantaba
aquel río de luz donde se agravan
ahora los recuerdos? ¿Por qué el hacha
va dejando desnudo, sin las ramas
para los nidos este árbol, alza
melancolía por el fondo, savia
que al saber no se arredra, sigue? ¡Cuánta
transformación en uno, cuánta farsa
ungidora ha dejado ver la hilaza,
y cómo sigue humilde, débil, mansa,
atenta al ciclo de las horas tanta
indeclinable floración y lucha! Graba
la vida a fuego las preguntas. Tactan

unas manos el fondo oscuro. Avanzan
más cerca cada vez unas pisadas.
En el espejo, la cabeza cana.
Unos ojos escrutan, ven, acatan
sin susto, sin reniego. Queda intacta,
aunque madura, la sonrisa. Piafa
debajo de la arruga, de la calva
el potranco de ayer, bajo las capas
cimentadoras vivo. Tras la máscara
de los días se oculta a la mirada
desatenta que mira, no ve, marcha
creyendo que conoce, la intocada
intimidad, que ya no duda. Manda
sostenedora, igual, terne la infancia
que no se entrega. Aún tiene mañana
quehacer, queda sol en las bardas.
¿Mas para quién camino con la carga
de mi cosecha al hombro? ¿Vivo para
que el esforzado amor vierta en la nada
o me quieren probar estos fantasmas
que cercan el final de la jornada
con la fatiga al cuello haciendo falsas
sombras en la pared entresoñada?

Es verdad que me pesa el aire, España,
que a veces ando a ciegas, anubarra

el corazón el duelo. Pero pasa
y deja contrastado la borrasca
lo que debe seguir, y más aclara.
De lo que vive el hombre el verso canta,
de lo que sobra, amor, de lo que falta,
amasando con sangre la palabra
para tornarla única, sagrada.

LLORAR EL SER

DE pronto el viento nos desnuda, deja,
isla de duelo, solos y arraigados,
sin poder caminar adonde sea
posible que lo mismo suene como
sonaba entonces. ¿Quién enreda, cambia
la dirección del verbo, su sentido,
y donde dice amor levanta cólera
igual que antes hablaba con presencias,
con mirar y callar y estar a salvo?
¿Quién encoge los besos y les hace
apocados, achica la estatura
de quien era gigante, protectora

sombra donde cantar, y no pecaba
la palabra que ahora nos consume?
¿Por qué se tiene miedo a lo que nunca
era mal acogido, perdonado
o visto con los ojos refulgentes,
con el oído atento o la sonrisa?
¿Quién rae de su gracia a la pisada
y ponen yerbajosos pinchos donde
hace nada la tierra era melódica?
¿Es que la voluntad no basta al hombre
si no le dan respuesta consonante?
¿Quién agrisa la luz —quizá los días,
un río que descarna y cambia el curso—,
quita el azogue a los espejos, logra
confundir o cegar a la esperanza?
¿Llegarán a secarse las raíces,
el puro manadero de las horas
y no tendremos ni siquiera un grito
que elevar a la boca y que nos salve,
una pizca de fiebre en las heridas?
¿Quién ha puesto neblina y aspereza
al ruego enamorado, que no alcanza
la respuesta de siempre, que no dice
lo que doraba ayer y nos destroza,
nos enloquece al no dejar en claro
la sinrazón que altera el orden justo?

¿Qué encantadores, qué personas, males,
pecados o fatigas desustancian
el impulso que manda abrir los brazos
para que la cabeza alcance el pecho,
truecan el oro en plomo, quitan aire
al ala que no encuentra cielo donde
cumpla vuelo su ley?
                          Súbito, el mundo
se ha despoblado, sólo da fantasmas,
esos ruidos verdugos, esos bultos
que parecen personas, parecemos
¿Volverán las palabras y los besos,
el deseo a tejer los desgarrones
o ya somos recuerdo del pasado,
un eco que resuena todavía,
última onda que se cumple en límite
cuando la piedra original no cuenta,
enterrada en el légamo del fondo,
gota fundida ya, mar del olvido?

Corazón, pobre mío: Sigue y sigue
llamando hasta que caigan las murallas
y florezcan las lágrimas un tiempo
que justifique ahora tanta pena.

PERDON POR EL VERSO

PERDONADNOS por escribir versos,
los nuestros y los vuestros.
Porque para que seáis personas de respeto
nosotros auscultamos el viento.
Os dejamos la compasión y el dinero
y nos quedamos en cueros,
más que desnudos en el verbo.
Y decimos que no hubiéramos querido ser esto
sin creerlo,
para no ofender a lo brillante mostrenco,
para que nos dejen por imposible, con desprecio.
Porque si lo entendiesen nos cortarían el cuello

y la lengua de fuego,
dirían que somos blasfemos.
Y nos devanamos los sesos,
y nos gustaría estar muertos,
no regresar de los cielos
o de los infiernos
para que nos perdonasen los versos.
(En verdad de verdad, cuanto queremos.)
Afortunadamente, no los tomáis en serio,
metidos en un ajetreo
animal. Os ponen ante el espejo
y os dicen: "Esto
es lo que han hecho
de ti; desdichado instrumento,
humano cementerio
de tu destino angélico."
En un lenguaje ingenuo
y tremendo
que parece juego,
alguien está diciendo
lo rigurosamente cierto,
las palabras que no borrarán tiempos,
que cualquier día alumbrarán secretos
extremos
pegados a la carne en silencio.

¿SOMOS DEL MISMO BARRO?

LO tuyo es respetable, y lo del otro,
lo de todos. Sois multitud. A gritos,
a votos, a empentones
podéis hacer que sí, que no,
definidores de lo justo y de lo injusto
con hechos consumados, instintivos,
impartidores de la vida y de la muerte
sin un remordimiento de conciencia.
Hacéis cosas que valen, que se venden.
Servís, según vosotros,
salvadores de patrias y culturas,
capitanes de industria,

ministros del Señor,
hombres de disciplina y dividendo,
de escalafón, retiro y jerarquía.
Y creéis en lo vuestro, lo imponente,
lo impuesto a sangre y fuego si es preciso.
Sois los más, los mejores, los que cuentan.
Comer, beber, dormir, multiplicarse
ciegamente os conforma,
arder en las medulas
sin angustia de tiempo, sin problemas
que no tengan asiento registrable.
Nunca sube la niebla en vuestra sangre,
agria duda en los sesos,
sensación de pecado por los otros,
delito de vivir por ser nacidos,
aunque tampoco —¿y qué?— liberte la armonía
de la palabra ideadora o sensitiva
su vuelo al corazón, alumbre.
Habéis dicho, concordes, legislado
que lo que no entendéis resulta sucio,
lo que no está al alcance y talla vuestra
es pecado, soberbia contra dioses
que a vosotros revelan sus designios,
dando norma, camino, tan oscuros
para quienes no dicen si no saben,
no acatan si no creen con razones,

aunque les pongan sales en los ojos
ese encendido campo al sol de mayo,
el olor de la tierra llamadora
a dejar la conciencia dolorida
y fundirse otra vez en las matrices.

¿Somos del mismo barro, de la misma
carne, viviendo en tonos tan distintos,
afinados en claves tan discordes,
si no podemos sonreír contestes,
si nos vamos secando a vuestra sombra?
Os ofrezco silencio comulgante,
esta paz, esta flor que va a decirnos
en perfume y color su mandamiento.
¿Somos los mismos pobres desterrados,
aterrados, nostálgicos del Padre?
Y vosotros pasáis, torpes de olvido,
veloces y borrados, estridentes,
para llegar a nada
tejiendo y destejiendo tontamente
días que no saldrán a parte alguna,
al hoyo de la muerte que los trigos
futuros cubrirán con su alegría,
con el pan compartido sin recuerdo,
porque sólo esperanza es el futuro.

CANCIONCILLA DEL ODIO DE HOY

ODIO de hoy,
sangre de mañana.
Verso te doy
con la cabeza cana,
con voz paterna,
sin arrumacos la palabra,
casi en cueros de eterna
labra.

Silencio, los del hablar
por no callar,
los metafóricos oscuros,

los que en vez de sangrar
en el verso, de tirar muros,
estáis rompiendo acentos,
puliendo originalidades
para asombrar a mentecatos,
a cegatos
de alma y exquisitos
sordos a los lamentos,
a los gritos
inundadores.

Corren vientos
que barren edades
y dispersan las tribus
de chacales
tecnicoloreados.
(Tú pon nombres reales
en el banquillo de los acusados.)

Por tu paz de ahora,
por tu paz injusta
es por lo que se asusta,
por lo que llora
este verso de nada,
de jugar por fuera,
aunque lleva la espada

clavada
y no se entera
—¿quizá por bobería?—,
y canta, canta, canta
más que con la garganta,
¡ay!, con la calavera
en agonía.

CARCELERAS

¿QUIÉN guarda a quién, centinela,
quién fija a quién, y le deja
fuera o dentro de la reja
preso, sin viento la vela,

carcelario o carcelero,
carcelero o carcelario,
presidiado o presidiario,
vigilante o coyundero,

pareja del mismo yugo?
Dónde, dime, dónde empieza

a volarnos la cabeza,
a fermentarnos el jugo

de los sesos: ¿dentro o fuera?
Tengo sellada la boca,
pero la conciencia toca
su mandato, su primera

razón de ser: Soledad
querida. Cierro los ojos
y ya no admito cerrojos,
no me quitas libertad

en el idear tranquilo.
Desde el sabroso silencio
yo soy el juez que sentencio:
al vigilante vigilo.

Soy libre en el corazón,
mi preso que me aprisionas.
Tú, yo, somos dos personas:
una que fuerza, sin don

de paz. Mientras te paseas
atado al fusil, se aleja
del cuerpo tras de la reja
el vuelo de mis ideas.

CANCIONCILLA DEL TRISTE
HASTA LA MUERTE

¿A mí qué más se me da
morirme de asco, de pena,
hambriento o de soledad?

Lo bueno es morir. Que talle
otro imbécil, y a la mar
de la nada, sin problemas
que nos traen los demás,

esas soberbias estériles
donde las formas se dan

de persona, aunque los hechos
más bien sean de animal

que no tiene la disculpa
de no poder razonar.
¡Sabiduría de tonto
este hablar por no callar,

por creer que alguno sepa
leer al trasluz el mal
que nos agobia y no mata
disfrazado de cantar!

Se han acabado los tiempos
del adamado trovar
y hay que desangrarse a solas
en el verso. Ya no hay paz

para el hombre, porque sabe
que no puede remediar
el daño, traer la risa
a nadie. ¡Cómo se va

apoderando la niebla
del corazón, que no da,
aunque se adobe con ritmo,
el buen latido! Tirad

de una vez al santo suelo
el árbol de la verdad
ramoneado de angustia,
sin pájaros que volar.

¿Qué has hecho, Dios, de mi barro,
que dijeron inmortal,
triste triste hasta la muerte,
desahuciado de sí ya?

¿Pero no es esto esperanza
—o cochina vanidad—,
seguir, en vez de quitarme
de en medio, mi ganapán?

¡Ay, si pudiera creer
en lo de resucitar,
en lo que quiero y no puedo
nacer en carne mortal!

SILENCIO DE LA CARNE

¿LA única verdad está en la carne,
en ese ahí que brama, que se abisma
en otra carne a la que quiere darse,
en la que aspira a eternidad salvada,
a ser más que si fuera en ella misma?
Porque cuando se calla, al fin, la carne,
¡qué tremendo silencio, cómo alza
el pensamiento que parece exento
sus quemadoras llamas de sosiego,
cómo tampoco basta, como aquella
terrible calentura que no alumbra
esta idea que duele sin consuelo!

Experimento en mí, experimentan
en mí fuerzas, tensiones, fines
a ciegas, tanteando las paredes
por si hubiera salida a la ventura,
a la luz que sosiega y fortalece.
Y sigue una experiencia ajena por mis límites,
una experiencia que no me aprovecha,
porque cuando se cumpla yo habré sido.
Aquí están decidiendo lo que sea,
lo que soy y no sé, porque me hicieron
para batalla y campo de batalla,
para soldado muerto, para caso,
aunque me veo ajeno, aunque me siento
sabiendo que me duelo, irremisible.
Y caso soy, ajeno y propio,
aquí puesto, botado
sin mi permiso a mí, a ser camino
y caminante, libre y situado
por decisión ajena que no entiendo.
Y caso, ¿para qué que se me alcance,
que me consuele y baste y justifique?
Y ya no queda carne que doler,
incendiar, y no basta el pensamiento.
Y no me basta nada, y me sonrío,
y hasta me gusta andar oyendo el sordo
germinar de semillas que dan tiempo.

Este preguntar loco, ¿a qué conduce?
¿Todo ha cristalizado en esta lágrima
que me horada la palma de la mano,
hace tan niño, nítido el paisaje?
¿A quién convenceremos de que esto
es algo para algo y desde algo?
Y mañana la luz, estemos vivos
o vueltos al silencio originario,
al magma de que todo se alimenta,
al no ser, a molécula sin alma
que tal vez se estructure en otras vidas
que no tendrán memoria de estas ansias.
¿O tendremos la boca cancionera
cuando los pájaros recientes abran alas
por vez primera, nuevo y terminado
todo, puro final, puro comienzo?
¿Quién ha quitado el puesto al que ayer fuera,
al que tuvo una estrella y suena a hueco,
que todo lo dejara en el camino,
eso que vivirá en otra alegría?

Tremendo, prodigioso estar un poco
más y manar sosiego eternamente
lejos de la conciencia dolorida,
la que no basta, la que diviniza.
¿Vivir es ir quedándose sin uno,

huérfano de sí mismo por cumplido,
perder conciencia como perdí niño?
Aunque no vea claro y me desgarre,
merecía la pena esta aventura,
la materia hecha hombre y pensamiento
por fuerzas que nos saben y conducen,
digamos Dios, evolución de algo
que puso alguien a vivir persona,
a pasar sin dejar un bello signo.
Sí, merece la pena y gratitudes
este poder estar entre las flores,
esta luz de basura a la basura,
aunque termine mal la maravilla.

Cancelarán un día las preguntas,
el hinojar del verbo, la sorpresa
ante la mano compañera, el cielo
que no acaba de abrirse y aclararnos.
¡Nos estamos quemando, lo sabemos!
Somos la luz que arde por la carne
que se consume, decididos seres
que quisieran ser más de lo propuesto,
ya hechos a la vida y su dulzura,
al dolor de saberse limitados.

CANCIONCILLA DEL MURO

SE que no sé. Poca ciencia
y buen punto de partida.
Pero hay que morir. Paciencia.
Veremos en otra vida,

si es que vemos, el secreto
de tantas oscuridades.
(¡Cómo tiembla el esqueleto
por estas ultimidades!)

Tus reservas y retrancas,
tu varonada ternura,
tus perdidas Salamancas,
esta borrosa figura

que devuelve niebla a niebla,
el principio que se acaba,
el orden que se despuebla.
(Se acabó lo que se daba.)

¡Ay, mi sabio de ignorancias
armado de palabrota!
¡Ay, flor de las arrogancias!
Ya te has ido, gota a gota

a la mar, porque se diga
en castellano decente.
Que otro venga y lo prosiga,
si es valiente,

hasta que se quede oscuro,
como yo, de tiempo y pena,
ay, muro de España, muro
donde he cumplido condena

y esperanza, Calderón,
delito de haber nacido,
ya sagrado paredón
con mi sangre florecido.

PRIMER POEMA DEL ASOMBRO

EL sentimiento
quiere quebrar el vaso, el esqueleto.
Por eso,
por lo que apenas entreveo,
me defiendo
con la pasión y con el seso.
Por ello
voy y vengo
del coro al eco,
del empentón al verbo,
ajetreo
que pendula de loco a cuerdo.

54

Por eso
—¡cómo quemas, encuentro!—
tengo
a veces de punta los pelos,
o las nubes del cielo
en los ojos abiertos,
o la sonrisa ausente de los muertos,
el silencio
estremecido de los cementerios
cuando estalla la primavera y los senderos
se ponen como hocicos tiernos
de perros,
animales buenos.
Un mar rompe bajo mi pecho,
me tempestea el verso,
aunque también los trigos hacen serio
este morir que voy viviendo.
Muero,
me defiendo
y cierro
las puertas a ese viento
que embiste con sus cien mil cuernos.
Cuanto me pasa lo paseo
en la procesión que va por dentro,
lo voy echando al vuelo,
que si no reviento.

¡Qué explosión de los excesos
por las cuartillas ardiendo,
en las adivinaciones que no comprendo,
en la medula de los huesos!
No he podido escoger esto
que me golpea, el hierro
al rojo vivo, eso
de lo que ardo y voy deshecho,
sin descanso durmiendo,
despierto
implacable y eterno:
arraigado en lo ciego
que aspira a claridad, a cierto,
a superar lo pasajero,
sin parar la fluencia del tiempo,
el desteñimiento
en que consiste el ir viviendo.
Y ya no lucho más, no brego
más. Me entrego
convicto y confeso
a lo que vivo y no discierno,
a lo que me lleva y lego,
bandera blanca, crespón negro.
Creía que era libre y dependo
de principio, de fin inciertos,
decididos sin mi consentimiento.

No me veían, no me ven, no veo,
vamos del uno al otro extremo,
sin llegar nunca a sosiego,
trascendental o tonto peloteo.
Pero
la sangre piensa, el beso
no me deja mentir, luego
será patente lo que llevo,
lo que dejo,
verdad o variopinto celo,
esta rosa, este grito, este muerto,
incanjeable momento,
irrepetible vida por el suelo.

Y SIN EMBARGO...

ES urgente seguir, si bien la huella
chisporrotee sus ultimidades,
la bella arquitectura de los huesos
amenace
con ceder a las cargas invisibles,
se desgarre
la vela misteriosa sin el viento,
vaya a desencuadernarse,
a volver al origen,
a los materiales
primeros, aún sin plan ni ley,
sin arte

aún,
aunque
no sirva nada para nada,
ultraje
el vivir en vigilia, el sentimiento
por la carne
apabullada de los siglos injustos,
sin que acabe
el lúcido martirio
mientras tengamos un adarme
de fulgor en los sesos.
Consuela que hemos de morir, antes
o después,
cualquier mañana o cualquier tarde,
y conviene no estar encariñados
con estas soledades
del hombre que se olvida
de sus cadenas terrenales
y se cree tan libre de momento,
con este aire
a veces tan querido,
respirable,
en ocasiones
grave,
imposible, lejano mar huido
inapelable.

Mucho dolor sin causa, gratuito
hace
en un mundo de locos.
Es tarde
para empezar de nuevo
a interpelarse
el fondo manantío.
Vale
más que se borre la conciencia
donde arde
tanto afán despreciado,
madre,
o tal vez aprensiones
fugaces,
imaginadas teorías,
claves
que no practican puerta alguna,
que no desatan nudos ahogantes
ni nos presentan como somos,
mas que salen
a la cara, la pintan
de terribles yesares
donde la mata verde esperanzada
no es dable.
¿Quién recoge esta mano
que se abre

humildemente flor
a los deseos fraternales
y se cierra vacía,
estas sales
subidas a los ojos
de los penetrales
por afanoso amor
y darse,
y vuelto rechazado?
¿Y estas hambres
del otro y compañía
que salve?
¿También invento el luto,
los cadáveres
sin cirios ni plegarias,
al margen
de los suyos, cunetas de los días
bestiales?
Estamos solos en la galería
que no conduce a nadie,
despiertos de los sueños
cobardes.
Y sin embargo luce y luce
algo en alguna parte:
ahí fuera en la bóveda del cielo,
en mi sangre.

(Aunque no sé si podré
levantarme
de la cuartilla donde nado
a punto de ahogarme.)

DEL OTRO QUE TAMBIEN SOY

SE está viniendo abajo, se ha venido
tanto pastar en frases, en sonidos
que no tenían dentro gracia, trigo
de viento y de mentira, pan comido.
Y ya no queda tiempo, fugitivo,
irreversible, ido.
Yo ¿qué pinto
aquí, qué soy o qué seré, qué he sido?
Contestan las paredes, las rocas o los signos
que no descorren nieblas, los martillos
que no saben qué ley les hizo
caer sobre los hombres-yunques vivos
o muertos, o llamarlo como os salga de los mismos
dolores, esperanzas. No hay camino

que devuelva al comienzo, al niño
que pusieron ahí para ser luz, vivido
en este hombre ignorante de qué sitio
ha ocupado en el mundo, si los cirios
alumbran su cadáver, los trinos
pajareros ya no los tiene oídos
y sólo queda polvo molido,
monotonía, río
terrible, seco pedregal de lo infinito.
Llega la lucidez al sinsentido
para confundir más. Los cínicos
se están riendo, y los asesinos,
los bárbaros. Nos han cedido
la grafías sus boquetes antiguos.
El limpio
mañana, el deslumbrante mito
es mojiganga, griterío,
incienso y lentejuelas de vidrio,
campanas rotas a pedriscos,
banderas desteñidas, a cuchillo
pasadas las creencias, los amigos
lejanos, muertos, gritos
que dejan soledad ortigada y olvido.
Cada vez más el círculo
se estrecha, el ritmo
se espacia, lo escrito

se queda más grisiento, más frío,
porque todo da igual, es lo mismo
rodeados de tiempo encanecido,
de razones que ponen lívido
el rostro, ya sin filo
la voluntad, el brío.
No hemos tenido
facilidades para ser, pero el himno
está tocado para otros sacrificios,
hemos bailado al son que nos hizo
mansuetos y pequeños, el brillo
de los ojos gastado, el hilo
con nudos, los anillos
comprados al amor prostituidos.
¿Héroes de qué? Vivimos.
¿Cómo mirarnos a la cara, decirnos
al espejo algo digno,
si transigimos
por subsistir? ¿Qué hicimos
para justificar el calificativo
varonil merecido,
apenas fisiológico distingo
en las ingles, forma que no funciona del señorío
sobre la bestia o el capricho,
sobre la ceguedad de los destinos?
¿Cómo nos presentamos a los hijos?

¿DESTIERRO, MUERTE, NADA?

A Luis Rosales

NO contar es la muerte,
y no entran
en la suma total,
en la cuenta,
los que no están
en presencia.
Contender con los hombres
da cierta
garantía a la voz, a los actos,
sean
de signo positivo
o su contrario. Esta

es la verdad
tremenda
que con los días
se revela,
los terribles sabores,
la cera
que luce, compañero,
el balanceo de la Historia eterna:
estar, no estar, ser y no ser,
y vuelta
monótona al azar
en otras formas y maneras,
en únicos iguales y distintos.
Cuanto se aleja
se convierte en espectro,
por voluntad o por la fuerza,
por sinrazones o razón,
por certeza
o por incertidumbre,
cesa
de ser entre los otros par
que les complementa
mientras se justifica,
hombre o piedra
sin perfil.
Terca,

presente, por si acaso,
la persona se queda,
el cadáver se va, cae
muerta
hojilla de la rama
si no tiembla
al requiebro del aire,
seca.
No significa verbo
si no deja
la palabra en el coro, en el aria
patencia,
límites y medida
en la escena
del mundo, si le mandan
o se presenta.
Aquí se es —más, menos—
lo que venga,
lo que nos dejen o dejemos,
lo que le cuelga
el valor a la cosa,
según hombría dada.
La reja
no abre surcos
sino dentro de la tierra,
si no la rompen y se rompe.

Fuera
la devorante nada,
fiera
que pace olvido, polvo
sin rostro, ciega
fuente sin agua,
sólo —¡ay!— materia
sin forma aún, al margen
de la historia del hombre y su pelea,
hermosísima pugna,
lo que desea
el soplo original:
semen, idea,
(Que lo centrifugado
no cuenta.)
¡Ay, física, mecánica,
rueda
que no sabe moral,
que nos trae y nos lleva
según Leyes irresistibles,
que no inventa
—parada—
carreteras,
que sólo cuando marcha
abre veredas!

Lo demás evasión
con la cárcel a cuestas,
con el dolor,
con la belleza:
pasar sin haber sido
a la otra acera,
a la de los fantasmas
que no crean.
El hombre, el pobre hombre,
mezcla
de poderes contrarios,
tensa
pugna equilibradora,
ventolera,
¿hacia qué, hacia dónde,
velas
en mar sin agua?
El vivir no sosiega,
y no muele molino
harina entendedera
parado,
ni las preguntas cesan
—vivir es preguntar—
ni nos queda
otra forma de ser que estar,
al menos que yo sepa.

¿Habrá tras de la muerte
respuestas
o llega el Gran Silencio,
sus cosechas?

TERCER POEMA DEL ASOMBRO

NUNCA se dicen últimas palabras,
las que clausuran decisivamente,
ya que todo final es un principio,
aun el término mudo de la muerte,
postrero porque faltan las noticias
de fronteras acá, donde prosigue
historia humana, hechos referibles
en palabra que tiende puente al hombre,
de soledad a soledad, y que se esfuma
cuando se pasa al otro lado. La materia
prosigue sin cesar, metamorfosis
de lo mismo, lo uno igual a todo,

me dicen, y repito sin consuelo,
porque la ciencia no me quita hambres
de seguro crecer en certidumbre,
no derriba las últimas murallas.
Esto me resta de lo que fue vida
en persona concreta fugitiva:
un temblor asombrado de sí mismo.
Este terrón cantó, tuvo su verbo,
dulce curva de senos femeninos,
fue labio, paso, dijo y quedan pruebas
retoñadas en versos y racimos.
Mas ese polvo, ¿a quién pertenecía,
a qué nombre, presencia compañera,
a qué ley, que no alcanzo y no renuncio?
¿Cuánto queda de César en la piedra
que pone escalofríos en mi palma,
del corazón paniego de Cervantes
en el rayo de sol que dice verde
en el prado nacido de las sombras?
¿Dónde luces, ayer, entre los brazos,
lo que nos hizo dioses un momento
y nos dejó tristeza, piel de instante,
nos desterró a grisura cotidiana,
a darse con el límite y la pena,
a recordar que ya vamos vividos?
Preguntas sin respuesta congruente

obligan a creer en los principios
oscuros que no manan de principio,
sin certitud, apenas mera hipótesis,
intuición o metáfora por suelo,
porque nada se pierde, se transforma,
el postulado dice, fe que cree
en lo desconocido que no explica,
hijo de la energía y del misterio,
estar, no estar, seguir hacia países
sin camino, volver a la gran madre
original originante, multirrostro,
para decir, por fin, nuestra ignorancia.
Transformarse, no ser el que se era,
¿es ser, cambio constante por la espuma,
engrosar de pasados el presente
sin saber si ya cumple su jornada,
si la coma final ésta que pongo
y no llegaré al punto donde cierra
por ahora, la sed que se transfiere
a nueva sed o muerte que no sueña?
Porque a mí, que me soy, ¿quién me devuelve
al inicial sabor, pulpa, manzana,
espina de los cardos, a burbuja
rota al sol, que se funde en la corriente,
al resplandor del beso, las presencias
que pusieron tus manos en mis manos?

¿Qué conciencia en el átomo que supo,
hoy vuelto a los inicios sin parada,
al magma de los días sin estreno?
¿O será, en otra forma, voz de gentes,
identidad en nueva diferencia?
¿En qué punto del ciclo se revela
darse cuenta de uno, de los otros,
caer en sí, amanecer al tiempo
la cara del tapiz aún visible?
¿Qué mandatos nos traen del origen
sin nombre, meridiano y paralelo,
cruce de equis, puntos cardinales,
a los contornos que me diferencian,
que me contienen, dicen, me sitúan,
en esto que me expresa, vida propia
que tiene acento conocible, vale
por el hombre que soy o que plantaron
en el recinto en guerra de la carne,
sonido que de pronto significa,
igual, distinto, nuevo de lo mismo,
único de lo eterno, irrepetible?
¿Qué más da, si prosigue la conciencia,
este dolor presente y sacrificio,
cuanto me he de encontrar después de muerto?
¿O sólo es esta cera la que luce,
única presunción real, lo nuestro,

el futuro perenne prometido
por el miedo a no ser después que supo
la criatura el vino de la sangre?
Ignoro. Pero digo, aunque sería
idéntico callar. Acato. Hágase
en mí lo que no sé, que yo lo vea,
para ponerme aún más de rodillas,
más asombrado el ritmo consonante
con la estabilidad, que no se apoya,
de los astros en órbita y silencio,
inestable equilibrio eternamente,
música que oye sólo y solo el hombre.

SOLEDAD INCOMUNICADA

A veces intentas
enseñarles la luz del corazón, la idea
que te arrancas de las entrañas trémulas,
la palabra que liberta,
y siguen con su melopea,
sin oír la lengua
extrañísima en que te acercas
buscando las sendas
que te lleven a la plazuela
de las confidencias.
Porque van a lo suyo tú regresas
a tu rincón contigo y tu problema,

más pequeño, más solo, apenas
un latido que se contempla
en la conciencia,
que quiere saber y no acierta
a decir, a decirse. Lenta-
mente el río del tiempo con su lengua
borra el perfil de la ribera,
todo lo agrisa, aleja,
en niebla,
en duermevela
donde llegan sonidos que no llevan
significado, mas inquietan.
Y no sabes, te aprestas
a poner el oído más alerta,
la inteligencia
más tensa,
para que no se escape lo que llega,
la posible revelación de las tinieblas.
Y nada. Suena
el viento entre las tumbas, yerba
crece por las paredes y las alamedas
se quedan sin ruiseñores, quietas,
muertas.
Y sigues, hombre, solo, ciega
la pisada, hacia un fin que no aciertas
a comprender, en la grandeza

terrible y sin razón de la existencia,
¿por qué pequeña,
por qué tan limitada y pasajera?
Pero nadie contesta.

FINIS TERRAE

.

EL andar sin ver, que teme.
Soledad sorda, que duele.
Amargor del que no entiende,
prisionero en sí, sus redes,
por paisajes inclementes
—*Finis Terrae*—
de sombra, de miedo, sedes.
No amanece
—*miserere*—
y la aurora nunca viene,
y la tormenta no cede,
y ni siquiera la muerte,

la que todo lo resuelve
en nada que no convence,
gran ausente,
sin que sepamos qué exprese
esto de vivir, la fiebre
de soñar lo que no eres.
Desazón, ola creciente
que con los años obsede
tercamente
por las sienes,
derribadas las paredes
para dejarnos inermes,
desnudos, a la intemperie,
tan empecinadamente.
¿Y para qué sirve este
andar aquí, que nos cuece,
conocimientos o gérmenes?
¿Dónde llevan los perennes
movimientos que no ceden,
sin tregua, a fines conscientes
que justifiquen? Me muele
esto que soy, referente
a mí, pobre ser que teme.
Es lo único que tienes,
la gracia que te conceden
y te hace diferente,

lamentable hombre, de suerte
decidida desde el vientre
de la madre que no puede
en la entraña retenerte,
en los brazos. Y te pierdes
entre
enigmas que no comprendes,
en espantosos rehenes
de la carne que te envuelve,
en que consistes, rebelde
sin verbo constituyente.
La tensión del arco siempre
sin blanco a la vista, tenue
claridad confusa, *debe*
mayor que *haber*, ni simiente
de futuras lucideces.
Anonima y desvanece
la noche el azar que pendes,
unos pasos que se pierden,
prisionero que enloquece,
un preguntar sin que llegue
respuesta, que no concedes,
Dios, materia, lo que crees,
hombre, nieblas y vaivenes.
Vivir, pasar, deshacerse
en arenillas estériles,

algo escrito por mis genes
sin clave para leerme
antes que de mí me alejen.

EL RESTO

RECONOCER los hechos
no significa que estemos
de acuerdo
con ellos.
Mas resulta que conocemos,
que distinguimos lo falso de lo cierto
en cuanto existiendo.
Porque hemos
despertado del sueño
que no llegaba nunca, eco
del deseo
tonto, de la necesidad, del milagrero
pintar como querer, juego
tan infantil y pintoresco

que acaba con los sesos
al viento,
polvo y yeso,
con el ciego
mirar sin ver el tremendo
y prodigioso hecho
de estar vivo y saberlo,
de ganarse el concepto
implantado en el nacimiento
para significar lo que vemos,
para medir el mundo y rehacerlo
a la medida que nos hace nuestros.
Esto,
eso,
aquello,
y las personas con perfil y sexo,
su límite, su tiempo,
sagrados, con su verbo,
su pesantez y vuelo,
valen más que memos
y cobardes inventos,
que los placeres solitarios de los arquitectos
de sombras y universos
que cuando abres los ojos caen al suelo,
o ni siquiera caen, sin peso,
radical atadura. Pero

nos dijeron
que todo estaba dentro
de nosotros, y nos alzaron carceleros
y muros mientras ellos
andaban por el mundo, bello,
único, primero
y último paraíso, ala y cerco.
Ya tiene secos
colores fantasía, mas el hueso
resiste la carne del cuerpo,
soporta el verso,
aguanta al hombre entero
que nos dieron,
el que con trabajos y días merecemos.
El hueco
metafísico ha muerto,
atentos
al beso
y al objeto,
a lo concreto
en la obra y el fuego
iluminador de los secretos.
Porque me queda menos
más tengo.
Trágico, verdadero
vivir para los restos.

HABER VIVIDO ETERNAMENTE

NO designio de Dios, de la materia
—imprevisible azar— o de las leyes
infrangibles el duelo de los hombres.
Nos desgarran los límites crecientes
a medida que estamos más vividos,
que falta menos trecho para el cierre
del ciclo que se pasa, inexorable.
Agobia no saber cumplidamente,
no encontrar expresión al titubeo,
notar que los cimientos se resienten,
amenaza el derrumbe y su inminencia
igualitaria sin perfil, viviente
el luego del no ser, tormento ahora
en la cuenta hacia atrás que nos devuelve

al cero originante, nuestra causa.
Es hijo del error o de intereses
que tan nos bestializan todavía.
Es ausencia de amor, de suficiente
conocimiento válido, seguro,
que traiga libertad. Nadie conteste
otra cosa terrible, que renuncia
a su divina condición. No tienes
lo que lucieras en la criatura
aún no evolucionada, lo que debes
llevar a granazón y melodía,
lo que te constituye, lo que eres
con arreglo a la norma implantadora.
Siempre pujando, detenido siempre
de momento, no digas imposible,
no tapies el futuro y que no puedes.
Inhumano saltar la sombra, darse
ilimitado ir. No dable hacerse
a medida del sueño, porque fuimos
creados sin motivo propio, desde
fuera: nacidos hijos de la nada,
gota instante, molécula, presente
un suspiro, que gracias al deseo
ignora que de nada nada adviene.
Pero ¿por qué esta desazón, el ansia
incontenible que perfecto quiere

al prisionero en carne lloradera,
por qué presentimientos que no vienen?
Ni principio ni fin —aun con suicidio—
están en nuestras manos, no dependen
de nuestra voluntad. Nos originan,
nos finalizan, evidentemente.
O sin tanta evidencia, que principios,
fines, actos de fe —crees, no crees—
en ti, pero no tuyos, inseguro,
pues el uno ya es, el otro tiene
fecha marcada, *eme* de la mano,
ese del pie: *Muerte segura* leen
los niños en las palmas, en las plantas,
apurador de angustia hasta las heces,
oh, revelado mar y prisionero
en compresión que sufres y no entiendes,
neblinoso intuir y de rodillas
a ratos o sonámbulo por veces.
Nos nacen y vivimos, si nos dejan.
Nos morimos. (Mas bien decir nos mueren,
ya que no dependemos de nosotros.
Aleatorio viento baja o crece
sin saber de manera cierta cómo
funciona el pro, el contra de los genes,
fiel a lo inscrito ya en el primer acto
de poner las semillas en los vientres.)

Estamos como prueba de que algo
acaba con nosotros y nos puede,
nos trae, lleva, pone, quita. Vamos
sin saber, y venimos igualmente.
Mas hay un intermedio. Está la vida
—el enigma—, está el entre paréntesis,
lo propio de los hombres, donde libres
si se les da conciencia, si las gentes
acceden a persona, a su posible
cumplimiento. ¿Por qué tras de la frente
el combate y prodigio inacabables,
la lucha sin cuartel por ver, por ese
estar en claro y paz, raíz segura,
molino del pensar? Nunca amanece
en la noche del hombre —vida humana—,
aunque el divino amor nos traiga suerte
y no gravite el cuerpo a la fatiga,
ni dañe el aire. Provisionalmente
vivo estoy. ¿Hasta cuándo? Porque somos
—¡ay, olvido!— condenados a muerte.
Por ahora —¡no soples esa pompa
de jabón que se sabe!— me florece
el contento. (¿Insensato?) Abro los ojos
y puedo —¡vida, sigue!—, amor, aún verte.
Siento y no sé —¿sabe la rosa?—. Oigo:
"¡Vivir: haber vivido eternamente!"

CREO

CREO,
aunque mande callar un dedo
en los labios, el invisible gesto
severo,
aunque por fuera tiemblo
como perro.
Pienso
aunque no puedo
publicar el pensamiento,
aunque me pudro por dentro,
aunque naufrago en el cero
del sin fin, y temo.

Siento
a veces que voy seco.
Mas lo sé, lo padezco,
me purifico y me renuevo,
pago en dolor honesto.
Contra ti, mundo, brego,
acude el verso
al papel, deja recuerdo,
constancia de que no cedo,
no siempre en claro, ni ciego,
empentón tremendo
que rompe contra los sesos,
farallón roquero
donde se estrella el encuentro
de la conciencia y de lo bello,
de lo cómodo y de lo fiero.
Me duelo,
luego
existo, Descartes, maestro
de salvar los titubeos
en un varonil parteo,
el parecer de lo cierto.
Algo se comunica de un extremo
a otro del Universo
—hombre en medio—,
de un centro

despierto
al opuesto
también alerta, al acecho
de señales. El misterio
transmiten labios del viento,
la forma de los objetos.
Querer ya es cebar los fuegos
calentadores, luminosos, lejos
y presentes, compañeros,
no estar solo en un agujero
reconcomido de miedos.
El deseo
termina por ser pan nuestro
en los manteles, los pechos
no amamantan sólo silencios.
Y creo, creo, creo
en la persona donde llevo
este contradictorio semillero
que va de la caverna al vuelo,
en el humus fecundo si muero,
en ese puñadito de verde del otero,
en el avecica del cerro,
en el copo de nieve del invierno,
en los trigos de julio, en el estiércol
que prepara color a las rosas, en los besos
que traen hijos y banderas. Creo

aunque me calle y parezca negro
lo blanco. Nada escapa al atento,
que deja huella todo, está diciendo
todo a quien sepa entenderlo
en este siglo o en el venidero,
muerto
o vivo yo, tú, tanto imperio
que no logró parar el tiempo,
el amoroso verbo.

INDICE

"POEMAS TESTAMENTARIOS", VOLU-
MEN XVI DE "PROVINCIA", COLECCION
DE POESIA AL CUIDADO EDITORIAL DE
LA INSTITUCION "FRAY BERNARDINO
DE SAHAGUN", SE ACABO DE IMPRI-
MIR EL DIA 27 DE FEBRERO DE 1973,
EN LOS TALLERES DE LA IMPRENTA
PROVINCIAL DE LEON

PROVINCIA

ha publicado libros de:

GASPAR MOISES GOMEZ — JUAN GOMIS — AQUILINO DUQUE — AGUSTIN DELGADO — JAIME FERRAN — SALUSTIANO MASO — JACINTO-LUIS GUEREÑA — HUGO LINDO — ELVIRA DAUDET — LUIS MATEO DIEZ — JOSE CARLOS GALLARDO — MANUEL ALVAREZ ORTEGA — GUILLERMO DIAZ-PLAJA — JESUS HILARIO TUNDIDOR — FAIK HUSEIN — CARLOS SAHAGUN — RAMON DE GARCIASOL.

Seguirán libros de:

JOSE MARIA MERINO — JUAN GOMIS — ANGEL FIERRO — PEDRO QUINTANILLA BUEY y otros.

SUSCRIPCIONES:

Semestral (seis títulos) Pts. 250. $ USA 4
Anual (doce títulos)   Pts. 500. $ USA 8

Dirigirse a:
PROVINCIA, Colección de poesía.
Institución "Fray Bernardino de Sahagún"
Edificio Fierro. C/ La Reina s/n.
LEON (España)